Educación para Generar Riqueza

Primera edición: diciembre de 2019

Autoedición y diseño: Arnulfo Villanueva Castillo
www.arnulfovillanuevacastillo.top

avillanueva924@gmail.com

ISBN: 978-1687233554

Educación para Generar Riqueza

Autor

Arnulfo Villanueva Castillo

Tabla de contenido

Dedicatoria..7

Prólogo..**8**

I.   ¿Cuál es el camino para ser rico?......................**8**

1.1. Hacer dinero 13

1.2. Apalancamiento...16

1.3. Hospedaje y Dominios Web 23

1.4. Freelancer o trabajador independiente.............26

1.5. Visitas orgánicas 29

1.6. Desarrollando Habilidades en Marketing Digital para Boostear tus Ventas...33

1.7 ¡Éxito en tu viaje digital! 36

1.8. Invertir 45

1.9 Navegando por el mundo de la compra de acciones47

1.10. Ahorro...51

1.11. Criptomonedas y su utilidad en la nueva economía 54

1.12. El bitcoin. 57

1.13. El trading o compraventa 61

1.14. Diversifica tu portafolio 66

II. Educación Espiritual **72**

2.1. Incrementar tu "Yo"...72

2.2. Hacer amigos 75

2.3. Ley de la abundancia..78

2.4. La codificación del dinero 81

2.5. Incrementar el interior.....................................84

2.6. Ley de atracción 88

III. Educación Mental o Cerebral...........................**93**

3.1. Aumentar la capacidad de tu cerebro...............93

3.1.1. Incrementa el poder de tu super memoria 93

3.1.2. Aumenta la velocidad de tu lectura...............95

3.1.3. Ejercicio 1 100

3.1.4. Ejercicio 2..101

3.1.5. Nutrir tu cerebro 102

IV. Capítulo final *106*

Anexos... *111*

Dedicatoria

Dedico esta obra a mi amada esposa e hijos;
Ruby Sandy
Mario Alexis
Aylin Arabelle
Isis Minerva

1 Reyes 10:14-29

[14] el peso del oro que llegaba a Salomón en un año era
de 22.6 toneladas de oro

I.   ¿Cuál es el camino para ser rico?

En estas páginas te revelaré la senda que he descubierto para alcanzar la riqueza, desmitificando muchas de las creencias que circulan alrededor de aquellos que poseen grandes fortunas. Pronunciamientos tales como "los ricos son avaros, despiadados y se aprovechan de los pobres", son frases cargadas de falsedades y malentendidos que tal vez te suenen familiares. Sin embargo, querido lector, es hora de deshacerse de esos mitos.

Permíteme presentarte cómo un conocido diccionario define la palabra 'rico': [1] aquel que posee grandes bienes o una considerable fortuna; [2] quien es noble por nacimiento o de renombrada reputación; [3] el que abunda en lo que expresa; [4] referido a suelo, fértil; [5] algo magnífico, suntuoso, excelente en su género; y [6] agradable, simpático. Sorprendente, ¿no es así? Estas definiciones distan mucho de lo que solíamos escuchar.

Prefiero quedarme con esta perspectiva del término, más rica y positiva que lo que muchos asumen. Después de todo, la idea de 'riqueza' implica belleza y abundancia. ¿Cómo, entonces, puede uno hallarla? Este es un enigma que despejaré a medida que avancemos por los distintos caminos que conducen hacia ella.

Considero a la riqueza como la consecución de una serie de conocimientos clave y la activación de una conciencia plena. No te equivoques, ser rico es una verdadera profesión que demanda tiempo y esfuerzo, más de lo que muchos están dispuestos a invertir. Como bien dice el refrán: "Si fuese fácil, cualquiera lo haría". Y es cierto, solo un 20% dedica realmente el esfuerzo necesario para alcanzar este estado.

Por lo tanto, te invito a recorrer conmigo este mapa único hacia la riqueza, donde juntos exploraremos los senderos del estudio y el trabajo diligente. Nos estrenaremos, similar a un iniciado en la masonería, listos para graduarnos en este arte de ser 'ricos'. Los talleres y los diversos niveles de aprendizaje que vamos a cursar juntos están cuidadosamente estructurados para facilitar su comprensión y aplicación práctica.

Este viaje estará dividido en tres fundamentales niveles educativos: financiero, espiritual y mental.

1. **Educación Financiera** es esencial, pero no la más crucial si es observada aisladamente.

2. **Educación Espiritual** porque sin la esencia que nos define y conecta humanamente, nada tiene realmente sentido.

3. Y finalmente, la **Educación de la Mente**, que considero de vital importancia, pues nuestro cerebro, igual que un músculo, requiere entrenamiento constante para poder desterrar la pobreza y cultivar la riqueza.

Es a través de disciplina, tal como lo hacen los atletas de élite que se preparan desde la infancia para ser los mejores, que nuestro cerebro necesita ser entrenado para alcanzar la más alta recompensa: la 'medalla de oro' en riqueza genuina.

Así que, estimado lector, a medida que avanzamos juntos a través de este libro, espero resolver cualquier duda que surja y sentir tu creciente interés. Estoy completamente comprometido en guiarte, apoyarte y celebrar cada paso que des en este emocionante viaje hacia el descubrimiento de tu propia riqueza verdadera.

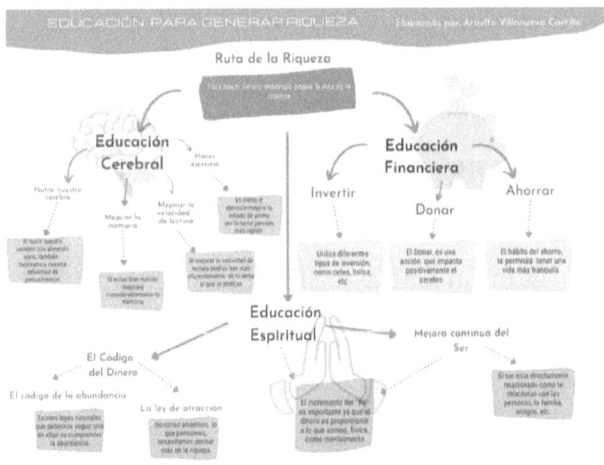

Figura 1. El camino del mapa de la riqueza

Una vez que lo recorras te detallare ejercicios y actividades que te enseñare para que las realices y pases a los diferentes niveles o grados para que alcances tu meta ser "Rico" y abundante.

I. Educación financiera

1.1. Hacer dinero

En este capítulo de nuestro viaje hacia la educación financiera, descubrirás cinco pasos esenciales que te guiarán hacia la libertad económica. Imagina que eres un bebé dando sus primeros pasos; al principio, es posible que titubees y caigas, pero con persistencia, comenzarás a dar pasos más firmes y confiados. Esta progresión es similar a desarrollar tus finanzas personales.

El primer paso es "Hacer dinero". Quizás suene obvio, pero en este mundo digital, las oportunidades de generar ingresos se han multiplicado exponencialmente. Voy a compartir contigo algunas de las formas más efectivas de generar dinero en línea, las mismas que han transformado mi vida y la de muchos otros. Desde monetizar un blog hasta crear un imperio de comercio electrónico, exploraremos diversas opciones que te permitirán iniciar tu viaje financiero.

El segundo paso es el "Apalancamiento". Este concepto puede ser el juego cambiante en tus finanzas. No se trata solo de usar el dinero de otras personas para invertir; se trata también de apalancar tu tiempo, habilidades y recursos. En este paso, te enseñaré cómo maximizar tus esfuerzos y cómo hacer que cada acción cuente más hacia tus metas financieras.

Luego, tenemos "Invertir". Aquí es donde tu dinero comienza a trabajar para ti. Hablaremos de inversiones en el mercado de valores, bienes raíces y criptomonedas, siempre teniendo en cuenta tus objetivos y nivel de riesgo. Compartiré contigo estrategias de inversión que han sido cruciales para mí y cómo puedes adaptarlas a tu situación.

El cuarto paso es "Ahorro". Ahorrar implica mucho más que esconder dinero bajo el colchón. Es un arte que te prepara para el futuro. Aprenderás a establecer objetivos de ahorro claros, entender la importancia de un fondo de emergencia y cómo el ahorro inteligente puede acelerar tu éxito financiero.

Finalmente, la "Diversificación". No hay que poner todos los huevos en una sola cesta. Diversificar te ayuda a proteger y crecer tus activos. Descubrirás cómo balancear tus inversiones y cómo este paso es vital para mantener y aumentar tu riqueza a largo plazo.

Cada uno de estos pasos son como etapas en la vida de un atleta: desde aprender a caminar hasta ganar una medalla. Y al igual que en el deporte, en las finanzas también se requiere práctica, disciplina y, sobre todo, educación continua.

Robert Kiyosaki, autor del bestseller "Padre Rico, Padre Pobre", habla sobre la generación de ingresos pasivos, una piedra angular en tu educación financiera. Estos ingresos son vitales porque una vez establecidos, continúan generando dinero sin un esfuerzo constante de tu parte. La internet es una herramienta poderosa para lograr esto, y en este libro te mostraré cómo puedes usarla a tu favor.

Ahora comprendes por qué este libro se titula "Educación para Generar Riqueza". Estos cinco pasos no solo son capítulos de un libro, son habilidades que, una vez adquiridas, te servirán durante toda la vida. Es mi deseo que, al juntar estos elementos y aprender a manejarlos, transformes tu realidad financiera y logres la libertad económica que mereces.

Estás al inicio de tu camino hacia la riqueza. Cada página que avances es un paso más cerca del éxito. ¡Empecemos juntos este viaje transformador!

1.2. Apalancamiento

¡Hola, querido lector!

Permíteme guiarte por el fascinante universo que he descubierto en el ámbito del dinero en línea. Tras explorar y cosechar los frutos de múltiples fuentes de ingresos como el freelancing, inversiones en línea, publicidad digital, y la venta de productos tanto digitales como físicos a través del internet, me he dado cuenta de que el verdadero juego comienza ahora. Pues bien, obtener ganancias es solo el primer paso, mantener y multiplicar esas ganancias es donde se encuentran los verdaderos desafíos y también, las grandes oportunidades.

Imagina que el dinero es como un árbol que plantas. Al principio, debes cuidarlo, nutrirlo, pero una vez que echa raíces y se fortalece, el trabajo no termina ahí. Si realmente quieres un huerto frondoso, debes aprender a replicar ese único árbol saludable en muchos más. Eso, querido lector, es el apalancamiento.

El apalancamiento es un concepto poderoso y universal, similar a las leyes de la naturaleza que ya están trabajando en nuestras vidas, como la gravedad que nos mantiene fijos en la tierra o los ciclos del día y la noche que delimitan nuestro tiempo. Así como las estaciones cambian y traen nuevos desafíos y oportunidades, el entorno financiero también tiene sus ciclos y debes estar preparado para aprovechar los tiempos de abundancia y salvaguardarte en los momentos de escasez.

Para darte una perspectiva más enriquecedora y práctica sobre este tema, he seleccionado algunos vídeos de canales en YouTube de amigos y expertos que han abierto sus talleres al mundo. Ellos te mostrarán cómo el apalancamiento puede ser una herramienta poderosa que transforme tu inicial éxito individual en un éxito multiplicado. En estos vídeos, los conceptos de apalancamiento son desglosados de forma tal que podrás ver lo prácticos y aplicables que son, incluso si estás dando tus primeros pasos en este camino.

A lo mejor piensas que lo que te mostré inicialmente es suficiente, pero te invito a que no te detengas ahí. Si logras crear tu propio sistema o mejorar el que inicialmente te propuse, entonces estarás en el camino correcto hacia no solo entender, sino también dominar este 'código del dinero' del que te hablé. Y sí, mencioné un código. Un conjunto de principios y estrategias que juntos construyen la armadura que te protegerá y te permitirá luchar en las batallas del mercado digital con mayores garantías de victoria.

Así que, ¿estás listo para rodar los dados y ver hasta dónde te puede llevar el poder del apalancamiento? Te aseguro que el viaje, aunque esté lleno de aprendizajes y desafíos, será también increíblemente gratificante.

¡Embarquémonos juntos en este viaje de crecimiento y éxito continuado!

Pues bien el apalancamiento es tu sistema replicado muchas veces, pueden ser personas que hacen lo mismo que tu para ti o dentro de tu sistema realizando un nicho, pues bien para que quede claro, tienes tu primera tarea, en el apartado de referidos, toma un ejercicio, da un clic he inscríbete en alguna de esas empresas te dan un porcentaje por venta, puede ser un servicio o producto físico, yo he trabajado con estas empresas y me generan activos pasivos, como ya te comente anteriormente, son ingresos generados de forma automática, al ingresar un cliente y comprar un servicio, esta persona o cliente está cubriendo una necesidad o resuelve un problema, el secreto del código del dinero está en resolver problemas o necesidades, hoy por hoy existe la necesidad de posicionarse en internet, por la razón de tener mayor número de ventas, variable muy importante en toda empresa, porque es donde sobrevive, el secreto de muchos multimillonarios, encontraron la forma de resolver problemas o una necesidad y le pusieron precio, ojo primero se identificó la necesidad posterior vino solo el dinero, ese es uno de los secretos, el dinero no se genera de la nada, es decir la física cuántica establece que la energía no se crea ni se destruye solo se transforma, es lo mismo con el dinero, la energía del dinero se debe de transformar, es decir primero al resolver el problema la energía resuelta se transforma en tu pago o en dinero para ti, como ves, es otra ley natural, te comento esto porque puedes estar entusiasmado por que encontraste en internet algún nichos o portal donde te prometen dinero al instante o dinero rápido o hacerte rico al instante, si ya los vistes o estás por entrar a una de estas pirámides ten en cuenta que si entras tarde perderás mucha energía es decir dinero, como iniciado, te enseñe que el primer secreto de los ricos es que saben, identifican y resuelven problemas a gran escala un ejemplo es Bill Gates, lo puedes seguirlo en LinkedIn como yo, siempre estoy al tanto de los libros que recomienda cada año, bien si ya fuiste al apartado de referidos abriste alguna empresa que te gusto, ahora hay que darle vida a tu primer proyecto, para que te vean o seas visible por todo el mundo, toma el código de referido que viene dentro, cópialo y ponlo en un portapapeles o notas porque lo vas a necesitar.

Como mente curiosa que siempre busca nuevas formas de generar ingresos, decidí aventurarme en el mundo de los referidos para complementar mis finanzas. Entre mis descubrimientos hallé una plataforma que no solo me prometía ganancias, sino también me proveía las herramientas necesarias para alcanzarlas. Empecé compartiendo mi código de referido a amigos y familiares, explicándoles cómo podríamos beneficiarnos mutuamente de esta oportunidad. Poco a poco, mi red fue creciendo, y con ella, mis ingresos.

No tardé en darme cuenta de que, para maximizar mis beneficios, debía ampliar mi alcance más allá de mis círculos cercanos. Empecé a crear contenido atractivo y educativo en redes sociales, explicando cómo funcionaba la plataforma y cómo podían sacarle provecho. Incorporé mi código de referido en cada publicación y pronto, personas desconocidas empezaron a usar mi código. Cada nuevo registro era una victoria pequeña pero significativa.

Esta experiencia me enseñó que, con la estrategia adecuada, los programas de referidos pueden ser una fuente de ingreso sustancial. También me ayudó a entender la importancia de la paciencia y la persistencia en el mundo de las finanzas personales. A través de mis esfuerzos continuos, no solo mejoré mi situación financiera, sino que también pude ayudar a otros a hacer lo mismo. Este viaje ha sido parte esencial en mi educación financiera, demostrando que, con ingenio y dedicación, las oportunidades de generar dinero están al alcance de todos.

1.3. Hospedaje y Dominios Web

En el dinámico y vertiginoso mundo del comercio digital, descubrí una herramienta increíblemente efectiva para generar ingresos: el marketing de afiliación a través del hospedaje web. Permíteme compartirte un poco sobre este apasionante campo y cómo lo he implementado exitosamente en mi carrera. Opero como afiliado para dos grandes empresas líderes en el sector de hospedaje web. La clave de este negocio se centra en aprovechar el potencial de la referenciación. Minuciosamente, estudio cada plataforma para asegurarme de que ofrezcan no sólo productos de alta calidad, sino también un servicio de soporte excepcional, elementos cruciales para mantener la satisfacción del cliente y, por ende, su lealtad.

Una vez que selecciono las compañías más prometedoras, diseño estrategias para promover sus servicios de manera ingeniosa. Utilizo diversas plataformas en línea como redes sociales, blogs especializados y boletines informativos por correo electrónico. La idea es educar a mi audiencia sobre la importancia de un buen servicio de hospedaje web mientras presento las opciones que represento.

Una técnica que ha resultado ser particularmente efectiva es compartir estudios de caso y testimonios de clientes satisfechos. Esto no solo da credibilidad a los servicios que promuevo, sino que también motiva a los potenciales clientes a imaginar el impacto positivo en sus propios proyectos web. Además, mantener una comunicación clara y abierta con los clientes me permite recibir feedback que uso para ajustar y mejorar mis estrategias de venta continuamente.

Como resultado de este meticuloso enfoque, no solo he logrado establecer una fuente de ingresos sostenible y en crecimiento, sino que también he cultivado relaciones valiosas en la industria y mejorado mi comprensión del mercado digital global.

El marketing de referidos en hospedaje web es solo un ejemplo del vasto océano de oportunidades disponibles en el mundo financiero digital. Espero que mi experiencia te inspire a explorar y aprovechar estas herramientas para tu propio beneficio, desatando así el potencial sin explorar en tu trayectoria profesional.

1.4. Freelancer o trabajador independiente

Déjame contarte sobre el fascinante mundo de ganar dinero como freelancer, utilizando tus conocimientos y habilidades únicas. Descubrí dos métodos que son realmente efectivos y quiero compartirlos contigo para que también puedas beneficiarte de ellos.

El primero es a través de la plataforma Fiverr. Fiverr es un mercado digital donde puedes ofrecer tus servicios, que van desde el soporte para mejorar el posicionamiento de nuevos proyectos en la web hasta la reparación de configuraciones de sistemas operativos como Ruby, Ubuntu, Linux, entre otros. Además, puedes ofrecer servicios de diseño gráfico, como la creación de tarjetas de presentación, o especializarte en marketing digital.

Mi experiencia personal radica en el área de SEO (Search Engine Optimization) o posicionamiento en buscadores. Ayudo a que las páginas web aumenten sus visitas orgánicas, lo que se traduce en un mejor posicionamiento en los rankings de búsqueda. Este posicionamiento no solo aumenta la visibilidad de las páginas, sino que también incrementa la confianza de los usuarios. Al mejorar la percepción de la página, se incentiva a los visitantes a tomar decisiones de compra o realizar conversiones, lo cual, eventualmente, se traduce en un aumento en las ventas. Pronto, en la sección de SEO y visitas orgánicas de mi perfil.

El segundo método consiste en la promoción de mis servicios. Si decides recomendar mis servicios, te ofreceré una comisión por cada venta que se realice gracias a tu referencia. Este es un excelente modo de generar ingresos pasivos mientras ayudas a otros a mejorar su presencia en línea.

Estoy emocionado por la oportunidad de mostrarte cómo puedes aprovechar estas técnicas para expandir tus horizontes como freelancer. Si te interesa aprender y crecer en este dinámico campo del marketing digital y la consultoría tecnológica, ¡sigamos en contacto!

En mi experiencia trabajando con Fiverr, he aprendido que el éxito radica en la capacidad de comercializar tus habilidades y conocimientos de manera efectiva. Desde la traducción de documentos entre español e inglés hasta la meticulosa búsqueda de información en formatos PDF para trabajos académicos o científicos, he tenido la oportunidad de explorar una variedad asombrosa de servicios que puedo ofrecer.

Además, Fiverr me ha abierto puertas a nuevas oportunidades brindándome la opción de promocionar cursos que se imparten en su plataforma. Esta funcionalidad no solo enriquece la oferta de servicios disponibles, sino que también permite obtener comisiones por cada venta de cursos. Esto es especialmente útil si te has especializado en un área concreta y buscas cómo monetizar tu experiencia más allá de la prestación de servicios. Por ejemplo, después de leer este libro, puedes sentirte inspirado para ofrecer servicios de hosting, gestionar direcciones web o aumentar las visitas orgánicas a sitios web.

Como bien citó Einstein, y como yo siempre he creído: "La imaginación y la creatividad son la inteligencia divirtiéndose". En este sentido, en el mundo de los freelancers, tu imaginación es verdaderamente el límite. Cada habilidad que dominas y cada conocimiento que adquieres, es una puerta que se abre hacia nuevas aventuras empresariales. Este libro no solo te enseña habilidades técnicas, sino que también te anima a soñar grande, a experimentar y a convertir esas ideas creativas en servicios innovadores que puedas ofrecer al mundo.

Sumérgete en esta travesía, explora todas las posibilidades y no tengas miedo de probar algo nuevo. Recuerda, en el vasto océano de la economía digital, incluso las pequeñas olas pueden transformarse en mareas gigantes que lideren al éxito. Estoy aquí para mostrarte cómo, paso a paso, tu pasión y tu profesionalismo pueden convertirse en tu emprendimiento más exitoso. ¡Vamos a ello!

1.5. Visitas orgánicas

En este libro, les contaré sobre la trascendencia crucial de las visitas orgánicas en el vasto universo de la web. Comenzaremos desglosando el concepto de "visitas web", que se entienden como la cantidad de datos intercambiados entre los visitantes y un sitio específico. Este concepto representa una gran porción del tráfico en Internet y es medido por el número de visitantes y las páginas que exploran.

La popularidad de un sitio web se mide, según fuentes como Wikipedia en 2019, a través de las visitas que reciben no solo el sitio en su totalidad, sino también páginas individuales o secciones específicas. Un "hit" se genera cada vez que se visualiza un archivo en el sitio, y sí, una página individual cuenta como un archivo. Imagínense, solo una página con cinco imágenes puede generar hasta seis hits. Cada vez que un visitante solicita ver una página, genera lo que llamamos una "vista de página", y siempre habrá al menos una por visita, aunque frecuentemente muchas más.

De manera adicional, algunas herramientas externas ayudan a registrar la actividad del sitio web insertando una meta etiqueta en cada página, brindando así una perspectiva más detallada de las métricas web. En algunos casos, incluso se utiliza el packet sniffing para obtener muestras aleatorias del tráfico y recabar información sobre cómo los usuarios interactúan con el sitio.

Ahora bien, el término "orgánico" es crucial aquí. En el vasto mar de la Internet, aumentar la visibilidad de manera orgánica significa atraer visitantes genuinamente interesados en lo que ofrecemos, lo cual es esencial pues cada visita tiene el potencial de convertirse en un cliente. La clave está en captar y convertir esas visitas en ventas efectivas, algo que todo sitio con aspiraciones comerciales persigue incansablemente.

Con esta valiosa información en mente, he diseñado un modelo para guiarte en la venta efectiva del servicio SEO para tu nueva empresa. La venta de visitas orgánicas es un servicio crítico para millones de empresarios en todo el mundo; no existe proyecto que no se beneficie de una optimización cuidadosa y eficiente de su presencia en línea.

Para hacer tangible esta estrategia, te introduzco herramientas digitales que puedes aprovecharla para comercializar visitas orgánicas a través de plataformas web, donde te enseñé a cómo colocar tus servicios en el mercado freelance y captar a aquellos interesados en potenciar su presencia online de manera efectiva y orgánica.

Al considerar estos puntos y aplicarlos con estrategia, no solo estás maximizando el potencial de tráfico hacia un sitio, sino también transformando cada clic en una posible venta. Se trata de entender el arte y la ciencia detrás de las visitas web y su poder para impulsar un negocio en el digitalizado mundo actual.

En mi viaje por el mundo de las finanzas, descubrí la eficacia de los embudos de ventas, una estrategia revolucionaria que me ha ayudado a maximizar mis ingresos. Visualicemos juntos este concepto: imagina un embudo real, amplio en la entrada y estrecho en la salida. En el ámbito de las ventas, el embudo funciona de manera similar. Comienzas atrayendo a una gran cantidad de prospectos, y poco a poco, mediante diversas estrategias, vas filtrando a aquellos realmente interesados hasta concretar la venta al final del embudo.

Comencé implementando un sistema de captación de leads a través de redes sociales, ofreciendo un eBook gratuito sobre consejos financieros básicos a cambio de sus datos de contacto. Esto no solo amplió mi base de datos, sino que también estableció una relación de confianza desde el inicio. Posteriormente, nutrí a estos prospectos con contenido de valor mediante correos electrónicos y seminarios webs gratuitos, educándolos sobre la importancia de una buena gestión financiera y las herramientas disponibles para lograrla. Finalmente, los guié hacia la adquisición de servicios de asesoría financiera personalizada, donde realmente pude generar ingresos significativos. Este enfoque no solo maximizó mis ventas, sino que también me permitió ayudar genuinamente a las personas a mejorar su salud financiera, creando un ciclo de beneficio mutuo que ha resultado ser increíblemente gratificante.

1.6. Desarrollando Habilidades en Marketing Digital para Boostear tus Ventas

¡Bienvenido al increíble mundo del marketing digital! En este subcapítulo, quiero compartir contigo técnicas infalibles para impulsar tus ventas, ya sean de productos físicos o digitales, a través de un personaje fundamental en nuestro escenario actual: las redes sociales.

Mi viaje en el marketing digital empezó hace unos años, cuando decidí emprender con un pequeño negocio de dropshipping en línea. Al principio, era solo un hobby, pero con el tiempo, descubrí el poder que las redes sociales tenían para transformar mi pequeña pasión en un emprendimiento rentable. En este proceso, aprendí que desarrollar habilidades efectivas de marketing digital es esencial, y ahora quiero ayudarte a hacer lo mismo.

Primero que nada, es crucial entender que el marketing en redes sociales no se trata solo de publicar; se trata de conectar. Cada red social tiene su propio lenguaje y demográfico. Por ejemplo, Instagram es visual, ideal para productos que se destacan en imagen, mientras que LinkedIn es más profesional, perfecto para productos digitales que apuntan a un público empresarial.

Una estrategia que me funcionó increíblemente fue la creación de contenido de valor. No solo hablo de mis productos, sino que educaba a mi audiencia. Publicaba tutoriales, historias detrás de la creación de mis productos, y consejos sobre cómo aprovechar al máximo cada producto. Esto no solo incrementa la visibilidad de la marca sino que también crea una conexión emocional con los clientes, incentivando no solo la compra sino la fidelidad a la marca.

Además, interactuar con tu audiencia es fundamental. Las redes sociales son, por naturaleza, plataformas de diálogo. Responder comentarios, hacer encuestas, y solicitar opiniones hace que tus seguidores se sientan valorados y parte de tu proceso creativo. Esto fomenta la confianza y puede incrementar notablemente tus ventas.

Por último, la constancia es la clave del éxito en las redes sociales. No bastan unas cuantas publicaciones esporádicas; tienes que ser constante. Establecer un calendario de publicaciones te ayudará a mantener una presencia activa y atraerá continuamente a nuevos potenciales clientes.

Quiero que te lleves este mensaje: tu participación y estratégica en las redes sociales es esencial. No tengas miedo de probar distintas estrategias, ver qué funciona y qué no. Con cada post, cada interacción, estás construyendo más que una marca; estás construyendo una comunidad.

Ahora, te invito a poner en práctica estos consejos y a comenzar a ver cómo tus ventas empiezan a incrementar. El mundo del marketing digital es vasto y siempre cambiante, pero con las habilidades adecuadas, podrás navegarlo con éxito y ver resultados significativos.

1.7 ¡Éxito en tu viaje digital!

Los paisajes digitales de las redes sociales son terrenos vastos y variados, donde cada plataforma ofrece un ecosistema único en el cual las marcas y los negocios pueden florecer si se emplean las estrategias adecuadas. Permíteme guiarte a través de un recorrido por las principales redes sociales y cómo pueden ser utilizadas para amplificar la presencia y el éxito de una empresa.

Facebook: El Gigante Amigable

Empecemos por Facebook, el gigante de los medios sociales donde muchas aventuras digitales comenzaron. Para una marca, estar en Facebook es como tener una cómoda sala de estar en cada casa de sus clientes. Aquí, la clave está en la creación de una comunidad. Publicar contenido relevante que resuene con la audiencia, responder a sus mensajes y comentarios, y crear anuncios específicos basados en datos demográficos precisos, puede transformar un modesto seguidor en un cliente leal. Además, las herramientas de análisis de Facebook permiten un entendimiento profundo del comportamiento de los usuarios, lo que al final se traduce en estrategias de marketing más efectivas y personalizadas.

Instagram: Un Mundo en Imágenes

A continuación, tenemos a Instagram, el reino de las imágenes impresionantes y los hashtags poderosos. Aquí, la estética lo es todo. Una marca necesita encontrar su propia voz visual que pueda destacar en un mar de contenido atractivo. Las historias de Instagram, los Reels y las publicaciones regulares deben usarse de manera estratégica para mostrarse auténticos y accesibles. Colaborar con influencers que alineen con los valores de la marca puede también expandir significativamente el alcance y la resonancia en el público objetivo. No olvidemos los Instagram Shopping y las etiquetas de productos, que han convertido a Instagram en una plataforma no solo de descubrimiento, sino también de conversión.

Twitter (ahora X) : El Poder de lo Breve

Twitter es el arte de lo breve. En este dinámico mundo de tweets, una marca debe ser capaz de comunicar su mensaje claramente y de manera concisa. Es un excelente canal para el servicio al cliente, proporcionando respuestas rápidas y eficientes a las consultas de los consumidores. Además, es un termómetro social perfecto para medir las tendencias y adaptar las estrategias de marketing en tiempo real. Participar en conversaciones relevantes, utilizar hashtags apropiados y retwittear contenido pertinente puede incrementar la visibilidad y el compromiso.

LinkedIn: La Red Profesional

LinkedIn es el traje sastre de las redes sociales, donde los negocios se encuentran en su ambiente más profesional. Esta plataforma es invaluable para el networking B2B, la búsqueda de talento y la construcción de autoridad en la industria a través de la publicación de artículos y participación en grupos especializados. Compartir logros empresariales, noticias de la industria y estudios de caso detallados puede establecer a una compañía como líder de pensamiento en su campo.

Cada una de estas plataformas ofrece oportunidades únicas y, usadas correctamente, pueden contribuir significativamente al crecimiento y éxito de una marca en el competitivo mundo de los negocios. Así que, como estratega digital, mi meta no es solo navegar estos mares, sino también enseñar a otros a manejar sus propios barcos en las turbulentas, pero emocionantes, aguas de las redes sociales.

En el mundo dinámico y en constante evolución de las redes sociales, TikTok ha surgido como una plataforma incomparable para los empresarios y las marcas que buscan conectar con su audiencia de manera creativa y eficaz. Como alguien que ha navegado por los intrincados caminos del mundo empresarial, he descubierto el poder de TikTok para transformar pequeñas ideas en grandes oportunidades de negocio.

TikTok: la red de videos cortos

TikTok, con su formato único de videos cortos y su algoritmo que favorece el contenido creativo y original, ofrece una ventana al mundo para mostrar productos, servicios y construir una marca personal sólida. Para empezar, lo primero que hice fue estudiar la plataforma y entender qué tipo de contenidos generaban más interacción. Observé que los videos que cuentan una historia, los tutoriales y los que muestran genuinamente la personalidad detrás de la marca, tienden a resonar más con los usuarios.

Por ello, decidí lanzar una serie de videos mostrando no solo los productos de mi empresa, sino también el proceso creativo detrás de ellos, incluyendo los desafíos y éxitos. Este enfoque transparente y humano no solo atrajo más seguidores, sino que también creó una comunidad de clientes leales y comprometidos. Además, los hashtags específicos de industria, como #EmprendedoresEnTikTok o #InnovaciónDigital, me ayudaron a alcanzar nichos de mercado relevantes.

Otra estrategia que implementé fue colaborar con influencers de TikTok que resonaran con mi marca y valores. Estas colaboraciones expandieron mi alcance y aportaron una nueva dimensión a mi contenido que solo estos creadores podían ofrecer. Su habilidad para conectar y entretener a sus seguidores resultó ser un recurso invaluable para mi crecimiento en la plataforma.

Por último, he aprovechado la función de TikTok Live para interactuar en tiempo real con mi audiencia, responder a sus preguntas y mostrarles nuevos productos en acción. Esta interacción directa ha fortalecido la relación con mi público y ha aumentado la conversión de espectadores a clientes.

En resumen, utilizar TikTok para fines comerciales va más allá de simplemente publicar videos. Se trata de construir una marca auténtica, interactuar de manera significativa con la audiencia y mantenerse fiel a lo que uno representa, mientras se innova y se adapta a las nuevas tendencias. Con creatividad y estrategia, TikTok puede ser una herramienta poderosa para cualquier emprendedor que aspire a hacer crecer su negocio en el entorno digital actual.

Siempre he sido una persona a la que le gusta explorar diferentes maneras de generar ingresos adicionales, y recientemente me he aventurado en el mundo de la venta de productos usados y el dropshipping en plataformas como Mercado Libre en México. Comencé por revisar mi casa en busca de cosas que ya no usaba; desde libros y ropa, hasta electrónicos y decoración que solo acumulaban polvo. Me sorprendió descubrir cuántas cosas tenía que podrían ser tesoros para alguien más.

Después de hacer una limpieza exhaustiva, tomé fotos claras y atractivas de cada artículo y escribí descripciones detalladas para mis listados en Mercado Libre (plataforma de comercio electrónico, hoy en día cada país cuenta con estas plataformas). Establecí precios razonables, teniendo en cuenta el estado del producto y el precio de artículos similares ya disponibles en la plataforma. Para expandir mi negocio, investigué sobre dropshipping, donde no necesitas tener el inventario físico, sino que actúas como intermediario entre el proveedor y el cliente. Me contacté con algunos proveedores que ofrecían productos interesantes y negocié términos que beneficiaran a ambas partes.

Esta experiencia ha sido increíblemente gratificante, no solo financiera sino también personalmente. Me ha enseñado sobre marketing digital, atención al cliente y gestión de negocios en línea, habilidades esenciales en nuestro mundo digital de hoy. Además, vender artículos que ya no necesitas es una excelente manera de promover el consumo responsable y sostenible. ¡Anímate a explorar esta opción tú también y verás lo satisfactorio y lucrativo que puede ser!

1.8. Invertir

Una vez que dispongo de un capital dedicado exclusivamente a inversiones, siempre me remito al capítulo "Incrementa tu yo" de mi manual de referencia financiera para profundizar en cómo maximizar mi potencial económico. Este capital no es más que una herramienta cuyo fin último es ayudarme a alcanzar mis objetivos financieros e, idealmente, lograr lo que muchos autores describen como libertad financiera. Para fortalecer este músculo de inversiones, he aprendido a prestar especial atención a los principios detallados al principio del libro. Como en un gimnasio, donde incluso el ejercicio más ligero puede resultar abrumador al principio, el manejo inicial de las inversiones puede ser igualmente exigente. Todos mis músculos protestaban al día siguiente de mi primer entrenamiento, pero con constancia y dedicación, poco a poco fui adaptándome. La educación financiera sigue un proceso similar: comienzas con pasos pequeños, desarrollas un hábito y, eventualmente, incrementas tu capacidad y resistencia. Este proceso requiere no solo control físico sino también mental. Existe una sinergia entre tu cuerpo y tu mente que, cuando se gestiona adecuadamente, establece una plataforma sólida sobre la cual puedo construir y alcanzar mis metas financieras. Mi cuenta bancaria, en este aspecto, refleja los resultados de un entrenamiento intenso: al principio es difícil y podría hacer que quisiera desistir, pero la persistencia es clave. Al igual que en un régimen físico, acostumbrar mi mente y cuerpo a la disciplina de invertir lleva tiempo y esfuerzo. Sin embargo, una vez que los objetivos comienzan a clarificarse y alcanzarse, todo el proceso empieza a tener sentido. Hablemos de las herramientas prácticas, muchas de las cuales son accesibles sin coste alguno y pueden ofrecer un impulso significativo tanto en confianza como en aptitud financiera. Un buen ejemplo de esto en nuestro contexto es utilizar plataformas como "Yo te presto". A través de esta plataforma, invierto mi dinero en préstamos a otras personas y, a cambio, recibo mi capital más un porcentaje de intereses. Utilizando mi código de referido AVC-718599, cualquier persona interesada puede unirse y empezar a ver cómo su dinero trabaja para ellos. Todos los detalles y enlaces necesarios están disponibles en los anexos del libro que consulto regularmente. Recuerdo siempre que los atletas olímpicos alcanzan la cima gracias a una disciplina mental férrea que los dirige inexorablemente hacia el oro. De la misma manera, mi disciplina financiera me dirige hacia el 'oro' en mi banco. La perseverancia y la educación continua en finanzas son mis entrenadores personales en este viaje hacia la libertad financiera. Con el tiempo, este enfoque estratégico no solo mejora mi bienestar económico, sino que también afina mi intuición para futuras inversiones, asegurándome de que cada paso que doy es firme y está bien dirigido hacia la consecución de mis objetivos financieros mayores.

1.9 Navegando por el mundo de la compra de acciones

Siempre me ha apasionado el mundo de las finanzas. En el amplio mar de oportunidades que nos ofrece el mercado bursátil, comprar y vender acciones es una de las actividades más emocionantes. Hoy quiero compartir con ustedes cómo funciona este proceso en dos países que me son muy cercanos. Aunque las bases son similares, cada mercado tiene sus particularidades que pueden hacer de una inversión un éxito o un aprendizaje.

Empecemos por el mercado anglosajón. Supongamos que me he interesado en una empresa tecnológica prometedora, llamémosla Inovatechs. Luego de hacer algunas investigaciones y análisis, descubro que Inovatechs ha mostrado un crecimiento constante en los últimos años y sus proyecciones son igualmente alentadoras. Decido que es un buen momento para invertir y procedo a comprar acciones.

Aquí puedo utilizar plataformas de inversión en línea, que facilitan el proceso de compra de forma digital. Después de abrir una cuenta y depositar los fondos necesarios, busco Inovatechs en el menú de búsqueda, selecciono la cantidad de acciones que deseo adquirir y confirmo la compra. En cuestión de segundos, soy el orgulloso propietario de acciones de una empresa en ascenso.

Ahora, pongámonos el sombrero de vaquero y viajemos al mercado hispano. En este caso, he identificado a GrupBim como una empresa atractiva para invertir. Conocida por sus productos, Bim otorga dividendos estables y ha expandido su mercado internacionalmente, lo que sugiere un manejo corporativo efectivo y un potencial de crecimiento sostenido.

Para realizar la inversión, utilizo una plataforma online, que me permite acceder al mercado de valores desde mi computadora o teléfono móvil. Abro una cuenta, transfiero fondos y busco GrupdsaBim en la plataforma. Selecciono la cantidad de acciones que deseo y, en un par de clics, también soy accionista de una empresa emblemática.

¿Pero por qué invertir en acciones, me preguntarán algunos? La respuesta es sencilla: las acciones son una de las maneras más efectivas para participar directamente en el éxito económico de las empresas. Si eliges bien, las acciones pueden ofrecerte beneficios tanto en forma de dividendos como de apreciación de capital a lo largo del tiempo. Claro, el riesgo siempre existe, pero con una investigación meticulosa y una estrategia diversificada, las posibilidades de éxito son considerablemente mayores.

Dicho esto, también es crucial recordar que ningún mercado es completamente predecible. Las fluctuaciones económicas, los cambios en la legislación y otros factores exógenos pueden afectar el rendimiento de las acciones. Por ello, siempre recomiendo mantenerse informado y eventualmente consultar a profesionales en la materia.

En resumen, comprar acciones puede parecer un proceso intimidante al principio, pero con las herramientas adecuadas y un poco de conocimiento, cualquiera puede convertirse en un inversor exitoso. Los tiempos pueden cambiar, pero una cosa es segura: el mercado de valores siempre ofrecerá emocionantes oportunidades para aquellos dispuestos a aprender y tomar riesgos calculados.

1.10. Ahorro

La herramienta del ahorro es fundamental en nuestra vida financiera. Es más que un simple hábito; es una poderosa afirmación de nuestro compromiso con nosotros mismos y nuestro futuro. Muchas veces, en nuestras culturas latinas, guardar dinero se asocia erróneamente solo con momentos de enfermedad o muerte. Esta percepción negativa podría derivar del temor intrínseco a esos eventos inevitables de la vida, evitando así la conversación y la educación financiera sobre el ahorro. Pero, reflexionando un poco más allá, el acto de ahorrar se revela como un paso hacia la abundancia y la prosperidad. Cuando decidimos apartar una suma de dinero, estamos no solo preservando, sino que también estamos construyendo. No es meramente un refugio ante lo desconocido, sino un trampolín hacia nuestras metas y sueños. Sin embargo, este acto requiere disciplina y, sobre todo, una comprensión profunda de nuestros deseos y emociones. A menudo gastamos impulsivamente movidos por sentimientos momentáneos que no contribuyen a nuestro bienestar a largo plazo.

Identificar y entender estos impulsos es fundamental para fortalecer nuestra capacidad de ahorro. Ahora bien, ¿cómo podemos entonces transformar el ahorro en una herramienta dinámica que no solo acumule sino que también genere recursos? Aquí entra en juego la creación y gestión de activos. Una lección valiosa que podemos aprender de aquellos que han alcanzado la independencia financiera no es pensar en términos de "¿con qué tarjeta pagaré esto?", sino "¿qué activo puedo crear o fortalecer para que este gasto se pague por sí solo?". Esto requiere un cambio de mentalidad: de consumidor a creador, de pasivo a activo. Tomemos, por ejemplo, a los atletas olímpicos. La conquista de una medalla de oro no es producto del azar; es el resultado de años de entrenamiento meticuloso, disciplina férrea y una visión clara del objetivo a alcanzar. En nuestras finanzas, este enfoque no es muy diferente. Si tenemos un sueño o una necesidad, debemos primero planificar y construir los medios financieros, activos, que nos ayudarán a lograrlo sin comprometer nuestro bienestar económico. Te he compartido la importancia de saber cómo, cuándo y dónde invertir nuestros ahorros para crear y fortalecer estos activos.

Se debe profundizar en herramientas financieras específicas que te permitirán aplicar estos conceptos en acciones concretas. Desde entender los mercados de inversión hasta identificar oportunidades de negocio, cada paso que des incrementará tu capacidad para no solo guardar, sino multiplicar tus recursos. El viaje hacia la libertad financiera comienza con entender el valor del ahorro y la creación de activos. Cada decisión que tomamos, pequeña o grande, debe estar alineada con nuestros objetivos a largo plazo. A lo largo de este libro, mi objetivo es guiarte a través de este proceso, equilibrando tus emociones, fortaleciendo tu disciplina y ampliando tu visión financiera. Juntos, transformaremos el ahorro de un concepto intimidante en una poderosa herramienta de empoderamiento personal y financiero. Porque al final del día, tu mayor activo eres tú.

1.11. Criptomonedas y su utilidad en la nueva economía

Las criptomonedas, en la actualidad, se han convertido en un recurso comparable al oro o la plata de antaño, utilizados en el intercambio de servicios y bienes. Este moderno tesoro digital, al igual que las monedas tradicionales, permite adquirir desde alimentos hasta entretenimiento. Sin embargo, lo que realmente encumbra a las criptomonedas no es solo su función como medio de intercambio, sino el cómo se configuran como un respaldo de valor en esta era digital. Permítanme compartir cómo llegué a esta comprensión. Antiguamente, el valor del dinero en papel estaba respaldado por oro. Este metal precioso era almacenado meticulosamente por los bancos centrales de los países y servía de garantía del valor del dinero emitido. Se conocía popularmente como el patrón oro. Aunque hoy en día, la existencia de un respaldo físico equivalente es incierta y se debate sobre si el oro sigue siendo un seguro guardado, por ejemplo, en lugares como Fort Knox en Estados

Unidos, lo cierto es que la tranquilidad de tener un respaldo tangible ya no es lo que predomina.

Con el advenimiento de las criptomonedas, un nuevo tipo de "oro" apareció en el horizonte. Construidas sobre complejos algoritmos que previenen su duplicación y aseguran su escasez, las criptomonedas como el Bitcoin han emergido no solo como una nueva forma de dinero, sino como un respaldo de valor en el ciberespacio. Alguien intuyó que la dificultad inherente en su creación debía tener un valor intrínseco, similar al que el oro tenía en el pasado. Así, lo que en un principio era un concepto abstracto empezó a ser considerado como un refugio seguro, algo que puede guardarse en una billetera digital con la seguridad de un Fort Knox virtual. La primera vez que me di cuenta de su verdadero impacto fue cuando una serie de circunstancias adversas azotaron a mi familia. Era una época difícil, y el presupuesto era más ajustado que nunca. Mi esposa, encargada de administrar los escasos recursos, luchaba día a día por alimentar a nuestros hijos. Fue entonces cuando las criptomonedas se convirtieron en algo más que una inversión o un tema tecnológico para mí; se convirtieron en la solución inmediata a un problema urgente. Gracias a la acumulación previa de algo de Bitcoin, pude convertirlo rápidamente en alimentos y necesidades básicas. La primera transacción que hice no fue una pizza, como aquel famoso primer uso documentado del Bitcoin, sino la compra de víveres que aseguraron la alimentación de mi familia durante una semana crítica. A partir de este momento, mi visión sobre las criptomonedas cambió por completo. Ya no las veía solamente como una forma especulativa de aumentar mi capital, sino como una verdadera red de seguridad que, en momentos de crisis, mostraba su valor más allá de las fluctuaciones del mercado. El Bitcoin, y por extensión otras criptomonedas, se revelaron como el nuevo oro, no solo respaldando el valor monetario, sino también ofreciendo una nueva forma de seguridad financiera en un mundo cada vez más digitalizado. En definitiva, las criptomonedas han rebasado su papel original como meros instrumentos de intercambio digital para erigirse como pilares de una nueva estructura financiera, donde la seguridad, la accesibilidad y la fiabilidad conviven en la palma de nuestras manos, dentro de nuestras billeteras electrónicas. Así, desde mi propia experiencia, he aprendido que el verdadero valor de las criptomonedas yace en su capacidad para proporcionar tranquilidad y soluciones tangibles en tiempos difíciles, algo que, a fin de cuentas, es lo que siempre hemos esperado del dinero, sean cual sean su forma y su tiempo

1.12. El bitcoin.

En el vasto e intrincado mundo de las finanzas digitales, el bitcoin se erige como la criptomoneda madre, una pionera que abrió camino para que muchas otras emergieran en el creciente mercado de las criptomonedas. Todas ellas comparten un origen puramente digital y están regidas por una variedad de algoritmos que les dan forma y función.

Lo que realmente define a estas monedas digitales es su naturaleza descentralizada; es decir, no están atadas al patrón oro ni a la economía de ningún país específico. Esta característica las convierte en entidades únicas en el ámbito financiero, ofreciendo una nueva forma de libertad económica, aunque también plantea desafíos significativos en términos de regulación y control.

A nivel global, muchos países están intentando establecer regulaciones para el uso de criptomonedas, tratando de equilibrar la protección del consumidor con la innovación tecnológica. Sin embargo, al igual que con el oro, es difícil rastrear la propiedad o verificar el origen exacto de estas monedas digitales. Esta peculiaridad no solo agrega una capa de misterio y fascinación, sino que también otorga a las criptomonedas una ventaja considerable: la capacidad de ser minadas.

Minar criptomonedas fue un concepto que inicialmente me resultó enigmático. No fue hasta que me sumergí en el estudio de los diferentes algoritmos y adquirí el hardware necesario que realmente comprendí su potencial. Hoy en día, minar bitcoin se ha vuelto una tarea ardua que exige una gran capacidad de procesamiento y un conocimiento técnico avanzado. Pero mi curiosidad no se detuvo allí.

Explorando más a fondo, descubrí el fascinante mundo de las altcoins, criptomonedas alternativas que pueden funcionar como fracciones de bitcoin. Estas pequeñas, pero poderosas variantes ofrecen oportunidades adicionales para quienes buscan diversificar su participación en el mercado de criptomonedas. Aprendí a minar estas altcoins, ajustando mis estrategias y técnicas para maximizar la eficiencia y los retornos.

Con el tiempo, el ecosistema de las criptomonedas ha evolucionado significativamente. Las plataformas de intercambio o exchanges han simplificado el proceso de convertir criptomonedas en monedas fiduciarias como el dólar. Esto no solo facilita las transacciones internacionales, sino que también abre la puerta a nuevas formas de inversión y ahorro, accesibles para un público más amplio.

Reflexionando sobre mi trayectoria en el mundo de las criptomonedas, puedo afirmar que lo que una vez pareció un laberinto indescifrable, ahora se ha convertido en una ruta clara y prometedora. Aprender sobre criptomonedas y cómo operar en este entorno digital no es sencillo, pero con la orientación y herramientas adecuadas, cualquier persona puede convertirse en un participante activo y exitoso en el mercado financiero del futuro.

En conclusión, el viaje a través del universo de las criptomonedas es tanto desafiante como gratificante. Invito a todos, desde entusiastas tecnológicos hasta inversores tradicionales, a explorar este dinámico campo. Las oportunidades son vastas y el potencial de crecimiento es inmenso, tanto para la transformación personal como para la redefinición del panorama económico global.

1.13. El trading o compraventa

En mi trayecto explorando el vasto y emocionante mundo del trading con divisas convencionales, me sumergí en la dinámica del par dólar-yen y el dólar-euro, entre otros. A lo largo de este viaje, descubrí un universo de técnicas diversas, cada una con su propia promesa de éxito y eficacia. Estas técnicas son conocidas colectivamente como análisis técnico.

Inicialmente, me encontraba abrumado por la cantidad de estrategias disponibles. Cada método tenía su propio conjunto de reglas, indicadores y sistemas de predicción que, aunque fascinantes, complicaban mi toma de decisiones. Desde gráficos de velas y bandas de Bollinger hasta el complejo mundo de los osciladores y las teorías de ondas, había mucho que aprender y, más importante aún, mucho que dominar.

Con el tiempo, y después de experimentar con varias de estas técnicas, tomé una decisión que cambiaría mi enfoque para siempre: opté por especializarme en una sola técnica. Esta decisión no solo simplificó mi proceso de trading, sino que también me permitió profundizar y refinar mis habilidades en un área específica, lo que resultó en una mayor efectividad y consistencia en mis operaciones.

Ahora, quiero compartir este camino contigo. Si estás interesado en multiplicar tus estrategias de trading, te invito a que explores la amplia variedad de recursos disponibles en línea. Una plataforma que encontré particularmente útil es YouTube. Allí, puedes encontrar miles de tutoriales y cursos que te guiarán a través de diferentes técnicas de análisis técnico. Desde principiantes hasta traders experimentados, hay contenido valioso disponible que puede adaptarse a tu nivel de experiencia y necesidades.

Te animo a que no te sientas limitado por la cantidad de información. Experimenta con diferentes estrategias, pero también considera la posibilidad de especializarte en una que resuene contigo y en la que encuentres un verdadero potencial. Recuerda, el mundo del trading es vasto, pero con dedicación, paciencia y la técnica adecuada, las posibilidades de éxito son infinitas.

En el mundo de las finanzas, una estrategia que he encontrado particularmente fascinante —y, en ciertas ocasiones, considerablemente provechosa— es la de comprar en tiempos de baja y vender cuando la tendencia marca alza. Este enfoque se fundamenta en la clásica dinámica de oferta y demanda: cuando la demanda aumenta, los bienes escasean y, naturalmente, el precio se eleva; por otro lado, si la oferta es abundante, el mercado se inunda de opciones, incitando a muchos a vender, lo cual puede suceder cuando la certeza se tambalea y la confianza fluctúa.

Como inversionista, he aprendido que la volatilidad no es necesariamente un enemigo. A pesar de que el término puede inyectar temor en el corazón de los más novatos, esta fluctuación es esencial para generar ganancias. La volatilidad nos invita a un baile constante entre el riesgo y la oportunidad, un equilibrio donde, con el tiempo, se desarrolla no solo nuestra habilidad para navegar los mercados, sino también nuestro temple.

La inestabilidad puede hacer que nuestra mente perciba peligro, que se active el temor a la pérdida, pero es precisamente en estas aguas a menudo turbulentas donde se forjan los inversores más resilientes y astutos. No se trata de hacer nada indebido con tu dinero, sino de aprender a dirigir tus miedos para capitalizarlos en beneficio propio.

Permíteme compartirte mi experiencia con una plataforma que descubrí y que ahora utilizo para invertir en bitcoin y otras criptomonedas. Todos los mercados son cíclicos, y saber utilizar estos ciclos a nuestro favor puede marcar la diferencia entre el éxito y el estancamiento. En los momentos de baja, invierto con precaución, siempre atento a señales de recuperación. Cuando detecto que la tendencia empieza a subir, es el momento de vender o de participar activamente en el trading, siempre alineado con la tendencia positiva.

Tal como se ilustra en un gráfico que visualicé recientemente, el comportamiento del Bitcoin con respecto al peso mexicano muestra patrones similares a los observados en otras monedas. Este tipo de análisis comparativo entre diferentes periodos puede ayudar a mitigar riesgos significativos, especialmente si, como yo, estás dispuesto a aceptar un mayor grado de riesgo en busca de mayores recompensas.

En mi caso, he decidido ser un inversor de alto riesgo. Reconozco que esto significa tener "nervios de acero", como se suele decir, y estar preparado para no ver duplicado mi dinero de la noche a la mañana. Se trata de un compromiso a largo plazo, un juego de paciencia y estrategia donde, ciertamente, no hay espacio para la timidez o el temor desmedido. Porque en este juego, a diferencia de los parques infantiles, las pérdidas pueden hacer que incluso los más grandes lloren.

Así que, si estás considerando adentrarte en el mundo del trading de criptomonedas o cualquier forma de inversión de alta volatilidad, mi consejo es que estudies, te prepares psicológica y emocionalmente, y operes siempre con una estrategia clara. La volatilidad no es algo de lo que huir, sino un elemento que, bien manejado, puede ser extraordinariamente lucrativo.

1.14. Diversifica tu portafolio

En el mundo dinámico y a veces impredecible de las finanzas, aprender a diversificar un portafolio es fundamental. Permíteme explicarte lo que esto significa y cómo puede ser crucial para proteger tus finanzas. La diversificación va más allá de ser una simple estrategia; es un imperativo esencial. Lo que quieres es evitar poner todos tus huevos en una sola canasta; imagina que si esa canasta se cae, podrías perderlo todo en un instante. En cambio, al esparcir tus inversiones en diferentes áreas, reduces significativamente el riesgo de pérdidas catastróficas.

Hablemos, por ejemplo, de la popularidad actual de usar bots para hacer trading. Aunque es cierto que estas herramientas pueden ofrecer cierta seguridad y han modernizado de manera impresionante el campo del trading, no son infalibles. Todo tiene un riesgo, especialmente en un ambiente tan volátil como lo son los mercados financieros, donde las tendencias y modas pueden cambiar el curso del dinero de un momento a otro.

Es aquí donde se pone a prueba la solidez de tu estrategia de diversificación. Imagínate por un momento que estás enfrentando una pérdida no anticipada, o que un impulso irreflexivo te lleva a hacer una inversión arriesgada. En esos momentos es cuando debes mantener la cabeza fría y recordar la importancia de no tener todas tus inversiones en un solo lugar.

Quiero compartirte una anécdota personal relacionada con mi hijo, quien también está adentrándose en el fascinante mundo de las finanzas y aprendiendo sobre nuevas tecnologías y formas de generar ingresos a través de internet. Recientemente, él empezó a explorar el mundo de la minería de criptomonedas y eligió una moneda digital específica para invertir. Todo parecía ir bien hasta que la criptomoneda que había escogido sufrió una caída del 2% en su valor. Aunque puede parecer poco, en una inversión pequeña, este porcentaje puede tener un impacto considerable. La preocupación era evidente en su rostro al ver que su esfuerzo parecía desvanecerse.

Le expliqué que este escenario es un claro ejemplo de la importancia de utilizar un capital de riesgo adecuado. Según una regla¹ no escrita pero comúnmente aceptada en el mundo de las inversiones, solo deberíamos utilizar un 10% de nuestros ahorros para invertir en opciones más volátiles. Esta práctica, que sorprendentemente tiene ecos en las tradiciones de muchos templos donde se pide un diezmo del 10%, te ayuda a limitar las posibles pérdidas sin comprometer la totalidad de tus recursos financieros.

Le dije a mi hijo que no entrara en pánico y que revisara detenidamente los gráficos y tendencias, verificando los datos en una tabla histórica de cinco años. Le pregunté sobre la tendencia general de la criptomoneda durante ese período, a lo que él respondió que había sido alcista. Su rostro cambió, mostrándose casi sonriente. Le hice ver que la volatilidad es una característica esencial de los mercados especulativos y que, si se estudian adecuadamente las tendencias y los datos históricos, se pueden asumir riesgos controlados.

Para todo inversor, alcanzar y superar el punto de equilibrio—the breakeven point—se convierte en un objetivo primordial. Cuando tu inversión supera este punto, estás en territorio de ganancias; si baja, enfrentas pérdidas. Por eso es crucial elegir inversiones que conozcas profundamente y en las cuales te puedas especializar. Observarás que siempre existe un patrón histórico que se repite y entenderlo puede ser la clave para el éxito en tus inversiones.

Así que, recuerda, diversificar no es solo una parte del juego de invertir es una estrategia vital que protege tu patrimonio y maximiza tus oportunidades de éxito. Sumérgete en conocer y entender varios campos de inversión, y observarás cómo este enfoque te brinda una plataforma más robusta y segura para crecer financieramente.

Ahora en la siguiente página encontraras un ejercicio para agudizar el musculo de la riqueza, es una sopa de letras que te ayudara a memorizar las palabras clave del estudio de la riqueza.

Educación para Generar Riqueza

D	I	D	B	B	X	Z	W	A	G	A	Ü
O	B	A	B	F	B	Ó	F	N	U	B	É
N	U	R	M	L	O	C	M	Ó	Ú	T	M
A	R	E	N	O	N	K	Í	I	I	R	K
R	B	I	H	B	Ó	U	Ó	C	X	A	K
Z	P	C	Ú	D	P	D	Z	A	É	R	O
S	É	N	Ú	M	Ú	H	A	C	E	R	Ú
Í	P	A	Ü	M	Q	Ó	S	U	B	O	L
Ú	G	N	D	D	B	T	M	D	Ú	H	X
N	D	I	N	E	R	O	B	E	Ó	A	I
Í	O	F	Ü	É	D	T	Q	I	P	M	M
N	I	N	V	E	R	T	I	R	L	Ó	R

Educación - Financiera - Hacer - Dinero - Invertir -Donar - Ahorrar

II. Educación Espiritual

2.1. Incrementar tu "Yo"

Incrementar el conocimiento sobre uno mismo es crucial, especialmente cuando ese autoconocimiento impulsa la creación de riqueza. Te preguntarás, ¿por qué debo conocerme mejor si llevo toda la vida conmigo mismo? La respuesta es simple, aunque la vida nos ha permitido conocernos superficialmente, hay profundidades inexploradas dentro de nosotros que determinan cómo interactuamos con el dinero, los negocios y las oportunidades.

Desde pequeños, aprendimos habilidades básicas casi de manera obligatoria, guiados por nuestros padres o maestros. ¿Pero alguna vez te detuviste a reflexionar sobre cómo estas habilidades podrían ser afinadas o mejoradas? Identificar y fortalecer nuestras mejores herramientas personales es crucial. Por ello, la realización de un test de autoconocimiento no es un lujo, sino una necesidad. Este test te desafía a preguntarte: ¿puedo controlar mis emociones efectivamente?

Si la respuesta es afirmativa, entonces, ¡felicitaciones! Estás un paso más cerca de alcanzar la riqueza personal y financiera. Y si no es así, no hay razón para desanimarse. Todos tenemos un camino a seguir para mejorar nuestra autogestión, lo que a su vez, facilita una mejor administración de nuestros recursos financieros.

La ironía de la riqueza es que los verdaderamente ricos a menudo necesitan menos. No se dejan confundir por los sentimientos que nos empujan a comprar y acumular cosas innecesarias, creyendo que llenan un vacío emocional. Este es el motivo por el cual las tarjetas de crédito son populares; los bancos comprenden y capitalizan la depresión y la confusión de quienes creen necesitar lo que no pueden permitirse.

Los ricos no solo tienen autos como Mercedes o Rolls Royce porque pueden, sino porque han aprendido a diferenciar entre necesidades y deseos. Establecen claramente sus prioridades y no gastan impulsivamente. Este comportamiento no solo evita deudas, sino que también maximiza sus ahorros, los cuales luego invierten para generar aún más ingresos. Aquí radica la esencia del principio de abundancia: invertir en lugar de gastar.

Curiosamente, los ricos rara vez usan dinero directamente de su bolsillo para adquisiciones importantes. Buscan crear fuentes de ingresos pasivos o residuales que financien sus gastos, protegiendo así su capital principal. Esto se traduce en una importante lección: en lugar de preocuparnos por cómo pagar el alquiler o los servicios, deberíamos centrarnos en cómo generar ingresos que cubran estos gastos.

La educación financiera es fundamental en este proceso, proporcionando las herramientas necesarias para convertir los ingresos en fuentes de riqueza continua. Así como comprendemos la importancia del "yo" en este contexto, también debemos entender el "tú", que implica la habilidad para relacionarse con otros. Sí, hacer conexiones significativas es también una característica de los ricos. Desarrollar una red de contactos robusta puede desbloquear oportunidades que, de otra manera, estarían inaccesibles.

Esta es solo la cima del iceberg en nuestro viaje de autoconocimiento y gestión financiera. Aunque parezca un conjunto complejo de habilidades y conocimientos, todos están interconectados e impulsan el crecimiento personal y patrimonial. Al dominar el arte de conocerse a uno mismo y al otro, estamos poniendo las bases para no solo alcanzar la riqueza, sino también para sostenerla y hacerla crecer.

Por lo tanto, la riqueza no solo reside en los bienes acumulados, sino en la sabiduría de manejar efectivamente lo que somos y lo que tenemos. Enfocarse en estos principios puede no solo cambiar nuestra situación financiera, sino también nuestra vida en su conjunto, haciéndonos más ricos en todos los sentidos de la palabra.

2.2. Hacer amigos

El arte de hacer amigos involucra mucho más de lo que parece a simple vista. Cuanto más aprendo sobre los negocios y la riqueza, más me doy cuenta de que las habilidades sociales son una moneda de gran valor en cualquier ámbito profesional. Desde un punto de vista muy personal, puedo decir que aprender a cultivar relaciones ha sido tanto o más rentable que cualquier inversión financiera que haya hecho.

Siempre he creído que, de alguna manera, cada vez que interactúo con alguien estoy, en esencia, 'vendiéndome'. Aunque al principio estas palabras puedan sonar algo frías o calculadoras, con el tiempo he aprendido a verlo de otra manera. Vender no es simplemente una transacción; es un intercambio en el que también podemos ofrecer confianza, empatía y apoyo.

Al igual que un vendedor destaca las cualidades de un producto, yo me esfuerzo en mostrar lo mejor de mí cuando forjo una nueva amistad. Con cada persona que conozco, comparto un poco de mi historia, de mis pasiones y también de mis luchas. Esta vulnerabilidad, lejos de ser una debilidad, se convierte en un puente que facilita una confianza mutua, al igual que un buen vendedor crea un vínculo de confianza con su cliente mostrando sinceridad y atención genuina hacia sus necesidades.

Durante mi trayectoria, he aprendido que un buen amigo y vendedor tienen mucho en común. Ambos están allí para apoyarte, para ofrecer soluciones, y para celebrar tus éxitos como si fueran propios. Un amigo fiel se interesa por tus proyectos y sueños, alienta tus ambiciones y te ofrece su punto de vista no solo para aplaudirte, sino para ofrecerte una perspectiva que quizás no habías considerado.

Ejercitar el 'músculo de los amigos', como me gusta llamarlo, ha significado para mí expandir mi red de apoyo, de inspiración y, también, de potenciales colaboraciones. Cada amigo que he hecho a lo largo del camino es una ventana a un mundo diferente, con lecciones e historias que han enriquecido profundamente mi visión del mundo y, por supuesto, mi acercamiento a los negocios.

Este músculo de crear y mantener amistades saludables se ha convertido en uno de los pilares de mi desarrollo personal y profesional. En un mundo donde los recursos y las oportunidades a veces parecen escasos, las relaciones humanas ofrecen un terreno fértil para el crecimiento y la innovación.

Mirando en retrospectiva, puedo decir que cada amistad ha sido un capítulo esencial en mi aprendizaje sobre el 'código del dinero'. No se trata solo de adquirir riqueza, sino de entender las dinámicas humanas que lubrican los engranajes del comercio y de los negocios en cualquier parte del mundo. Este conocimiento, aunque más abstracto y menos cuantificable que los balances y las cifras, es quizás el más crucial de todos.

Así que sí, me atrevería a decir que saber hacer amigos no solo es útil, sino esencial para quien busca no solo éxito financiero, sino una carrera rica y llenas de conexiones significativas. Al final del día, los negocios son realizados por personas, y entender profundamente a esas personas es tanto un arte como una ciencia, un arte que vale la pena cultivar con cada sonrisa, cada apretón de manos y cada conversación genuina.

2.3. Ley de la abundancia

En mi viaje por comprender cómo la educación puede llevarnos a la abundancia, encontré una definición que la describe como: "Gran cantidad; haber abundancia de alimentos, riqueza, bienestar: vivir en la abundancia". Este concepto, aunque sencillo en palabras, es vasto y profundo en su aplicación. Me adentraré en cómo podemos invocar la primera ley de la abundancia, la atracción.

A menudo, puede sonar confuso. No obstante, lo que quiero transmitir es que cada elemento va de la mano; no existe uno sin el otro. Nuestras vibraciones y frecuencias de pensamiento juegan un papel crucial, pues son éstas las que generan sentimientos. Y los sentimientos, a su vez, impulsan acciones que culminan en resultados visibles. Comprender este ciclo nos permite ver cómo un pensamiento se transforma en realidad tangible al sentirlo.

Es fundamental, entonces, enfocarse en el 'yo' como un ente que facilita conectar con la abundancia. Supongamos que deseas emprender un negocio, vender un producto o servicio: el primer paso lógico sería contactar a amigos o familiares. Es probable que ellos compren simplemente por apoyarte. Algunos lo harán para impulsar tu autoestima y animarte a continuar con tu proyecto. Sin embargo, si no mantienes un flujo constante de ventas, o si decides bajar los precios solo para captar clientes y después aumentarlos, te enfrentarás a un posible fracaso. Esto puede llevar a un cierre no porque falten ventas, sino porque falten ganancias.

Este obstáculo, créelo o no, está estrechamente ligado a tu autoestima, a las conexiones que estableces y a cómo manejas la ley de la atracción. Aquí radica lo fascinante: todo este mecanismo es una representación directa de cómo la abundancia trabaja en nuestra vida. Si te sientes como si te faltara alguno de estos elementos, es momento de reflexionar y trabajar en ello para alcanzar la prosperidad financiera.

Ahora, hablemos sobre el dinero en sí. Existen innumerables mitos y acertijos que resolver respecto a este tema. ¿Te has preguntado alguna vez cómo retener tu dinero o por qué parece que nunca tienes suficiente? Estas son preguntas vitales que planeo explorar más a fondo en lo que he denominado "La codificación del Dinero".

En resumen, la abundancia no es meramente acumular riquezas, sino entender y aplicar principios que potencien nuestra capacidad de atraer y mantener esa riqueza. Las claves están en nuestras manos: cómo pensamos, cómo nos valoramos a nosotros mismos, y cómo interactuamos con nuestro entorno. Con este conocimiento, el camino hacia la abundancia se despeja, convirtiéndose en un viaje apasionante que cada uno de nosotros tiene el poder de emprender.

2.4. La codificación del dinero

El dinero, ese esquivo compañero de viaje en nuestras vidas, alberga un código secreto que, si se aprende a descifrar, puede trabajar a nuestro favor. Muchos hablan de su color, o falta de él, y se preguntan por qué aquellos que consideramos "malos" parecen tenerlo en abundancia. Aquí es donde nacen los mitos y leyendas alrededor del dinero. ¿Has escuchado alguna vez que el dinero es sucio o que los ricos son codiciosos? Estas son solo algunas de las percepciones erróneas que circulan en nuestra sociedad.

Reflexionemos juntos, ¿alguna vez has visto a alguien morir por simplemente tocar dinero? En todos mis años, jamás he sido testigo de tal evento. Esto nos lleva a un punto crucial: liberarnos de estos mitos es el primer paso para comprender realmente el verdadero poder y propósito del dinero.

Como ya te habrás dado cuenta, el dinero en sí mismo no es ni bueno ni malo; somos nosotros quienes le asignamos un "color", un propósito. Si constantemente utilizas tu dinero solo para pagar deudas, entonces ese dinero se teñirá del color de las obligaciones. Pero imagina que decides ahorrar una parte para la diversión; de repente, ese dinero adquiere un nuevo color, uno que trae alegría y esparcimiento a tu vida.

Por ende, te propongo un desafío: asigna un color específico a cada tipo de gasto o ahorro. Por ejemplo, el dinero destinado al ahorro podría ser azul, representando tranquilidad y estabilidad; las inversiones podrían ser verdes, simbolizando crecimiento y prosperidad; y los gastos corrientes podrían ser rojos, alertando necesidad de control y atención.

En este libro, nuestro propósito principal es enseñarte cómo generar riqueza, cómo hacer que ese dinero verde, el de las inversiones, crezca y te proporcione más de lo que inicialmente esperabas. Lo recomendable es iniciar dedicando un 10% de tus ingresos a esta área. Ese pequeño porcentaje es tu semilla, que cuidada adecuadamente, puede germinar en un frondoso árbol de abundancia Ahora bien, es esencial establecer un plan de inversión sólido y realizarlo con atención y cuidado. No olvides que todo aquello a lo que le damos atención crece. Concéntrate en la abundancia, no en la escasez. Y aquí va un consejo que puede cambiar tu vida: nunca fijes tu atención en lo que te falta, sino en lo que puedes crear y multiplicar.

Además, quiero que reconozcas la importancia de cultivar buenos hábitos financieros desde tu interior. Algunos lo llaman espíritu, otros "conciencia". En capítulos posteriores, profundizaremos en cómo fortalecer esta parte esencial de tu ser para asegurar que tus decisiones financieras sean siempre las más acertadas.

Así que, mientras avances en estas páginas, te invito a que replantees tu relación con el dinero. Transforma esos colores que hasta ahora habían sido asignados de forma inconsciente y empieza a pintar tu panorama financiero con los matices que más resonen con tus sueños y aspiraciones.

Recordemos juntos que el dinero es simplemente una herramienta; somos nosotros quienes tenemos el poder de darle un propósito que enriquezca nuestras vidas y las de los demás. Es hora de reescribir las reglas de este juego y aprender a jugarlo a nuestro favor.

2.5. Incrementar el interior

Antes de abordar el tema de la ley de atracción y cómo ésta puede transformar nuestra relación con el dinero y la abundancia, es crucial comenzar con un elemento fundamental: nuestro mundo interno. Mi trayectoria personal y profesional ha reforzado la creencia de que, al enriquecer nuestro interior, ampliamos nuestro espíritu. Este espíritu ampliado es esencial para cultivar hábitos que generen prosperidad. Fijar nuestra atención conscientemente en nuestras metas hace que éstas se expandan: lo que enfocamos, crece. Así pues, la primera tarea es decidir enfocar nuestra atención en fortalecer nuestro interior.

Imagina cómo te sientes cada mañana al despertar para hacer algo que realmente disfrutas: te levantas con energía, te sientes descansado y listo para comenzar el día. Ahora, piensa cómo sería si cada mañana enfrentaras algo que te desagrada: probablemente te costaría más despertarte, y todo se sentiría más pesado y tedioso. Esta simple comparación muestra cuán crítico es alimentar un interior positivo y motivado.

Cultivar un hábito, como el del ahorro, requiere disciplina. De acuerdo con los expertos, adoptar un nuevo hábito de manera efectiva generalmente toma al menos 20 días. Por lo tanto, durante esos días, es crucial mantenerse enfocado y consistente. No obstante, el ahorro no es solo restringir o limitar; es también un reflejo de cómo gestionamos nuestras emociones y deseos diarios. Cuando disciplinas tu ser interno para no ceder ante impulsos momentáneos, comienzas a ver el fruto de un ahorro que no solo es una cantidad en tu cuenta bancaria, sino una expansión de tu capacidad para tomar decisiones con vistas al futuro.

Establecer objetivos claros con respecto a nuestras finanzas es esencial. ¿Qué quiero lograr con mi dinero? ¿Comprar una casa, invertir en educación, expandir un negocio, planificar una jubilación confortable? Estos objetivos deben estar alineados con valores profundos y un sentido de propósito que nutran nuestro ser cada día.

Despertar cada mañana con una actitud positiva es más que un simple cliché. Es una práctica que fortalece nuestra resiliencia y nos prepara para recibir la abundancia. A través de la ley de atracción, que postula que atraemos lo que proyectamos al universo, estos esfuerzos consistentes y conscientes empiezan a manifestar resultados tangibles. Si vivimos con una actitud de gratitud, expectación positiva y un enfoque claro en nuestras metas, entonces la abundancia no sólo llegará en términos financieros. Traerá consigo bienestar, relaciones sanas y logros personales.

Ahora es el momento de hablar más ampliamente de la ley de atracción. Este principio sostiene que nuestra realidad exterior es un reflejo de nuestro estado interior. Si nuestro enfoque diario está impregnado de vibraciones de abundancia, éxito y gratitud, atraemos más de esas experiencias y recursos a nuestra vida. No se trata de magia, sino de una práctica consciente y continua de alinear nuestros pensamientos, emociones y acciones hacia lo que consideramos valioso y deseable.

En términos prácticos, esto significa observar y ajustar no solo cómo pensamos, sino cómo actuamos. ¿Invierto mi tiempo y energía de manera que respalden mis metas financieras? ¿Estoy aprendiendo sobre finanzas personales, buscando asesoramiento cuando es necesario, y eliminando hábitos que drenan mi economía emocional y financiera?

Concentrarse en enriquecer el interior no es solo una estrategia para el éxito financiero, sino una filosofía de vida que invita a una existencia más plena y satisfactoria, donde cada día es una oportunidad para vivir con propósito, pasión y prosperidad.

2.6. Ley de atracción

Para comenzar a entender el poderoso mecanismo detrás de la ley de atracción, imaginemos por un momento el siguiente escenario: dos guitarras se encuentran una frente a la otra, y al pulsar una cuerda de una de ellas, observamos cómo misteriosamente la cuerda correspondiente en la otra guitarra comienza a vibrar. Este fascinante fenómeno se conoce como resonancia y ejemplifica de manera práctica cómo funcionan las vibraciones en el universo, incluyendo aquellas que provienen de nosotros mismos. De modo similar, nuestro estado emocional y nuestras intenciones emiten vibraciones que pueden resonar con las vibraciones de lo que deseamos atraer a nuestras vidas.

Ahora bien, pongamos este conocimiento en contexto con algo tan cotidiano y deseado como lo es la atracción de una pareja. ¿Qué sucede en este acto de atracción? Normalmente, nos acercamos a esa persona que ha captado nuestra atención, entablamos una conversación, mostramos nuestra amabilidad y buscamos ser agradables. Al hacer todo esto, sin saberlo, estamos comenzando a vibrar en una frecuencia que, si es compatible, resonará con la frecuencia de la otra persona. Cuando las frecuencias son similares y hay resonancia, se produce la comprensión mutua y, con suerte, la conexión emocional.

Sabemos que esto se aplica no solo en el amor, sino en muchos otros aspectos de nuestras vidas, como la prosperidad económica, la salud y las amistades. ¿Cuál es el secreto, entonces? El secreto es vibrar deliberadamente en la frecuencia de lo que deseamos. Algunos expertos podrían decir que es necesario "sentirlo", y tienen razón. Es similar a lo que ocurre cuando estamos bajo el sol del mediodía, cuando el termómetro roza los 35 grados y el calor nos abruma. En ese momento, al encontrar una heladería y disfrutar de un helado de limón, experimentamos una serie de sensaciones placenteras: el contraste del dulce y ácido en nuestro paladar, seguido por la frescura que revitaliza nuestro ser. Al degustar el helado, no solo lo vemos o lo saboreamos, sino que lo sentimos en todo nuestro ser.

Esto nos lleva a la potencia de lo que me gusta llamar "los ejercicios de la interioridad", donde la clave está en ver, sentir y hasta oler eso que tanto deseamos, de la forma más vívida posible. No se trata solo de visualizar superficialmente, sino de involucrar todos nuestros sentidos en la experiencia de esa visualización, haciéndola tan real como sea posible en nuestro mundo interior. Aquí radica el verdadero poder de la manifestación. Al sumergirnos de lleno en la experiencia sensorial de nuestros deseos, permitimos que esa vibración se expanda y resuene más allá de nuestro propio espacio, atrayendo hacia nosotros aquello que anhelamos con el corazón.

En resumen, si realmente deseamos atraer cambios significativos y positivos a nuestras vidas, ya sea en forma de una nueva pareja, una oportunidad de negocio o una mejora en nuestra salud, es imperativo aprender a afinar nuestras vibraciones personales para que estén en armonía con lo que esperamos recibir. Es un arte exquisito y sutil, pero con práctica y conciencia, todos tenemos la capacidad de convertirnos en maestros de la ley de atracción, creando la vida de abundancia y felicidad que merecemos.

Educación para Generar Riqueza

A	E	F	C	K	P	V	V	T	D	Ñ	D
B	R	Í	V	Á	Ó	N	W	H	T	Ü	N
U	U	Ú	U	Ü	Ü	U	D	Ó	W	T	Ó
N	H	W	J	Ñ	H	T	X	A	C	B	I
D	I	N	E	R	O	I	Á	Q	N	O	C
A	L	Ü	N	V	R	R	K	Z	U	Z	C
N	R	E	G	G	V	Í	M	Z	I	G	A
C	U	R	Y	É	O	P	L	Z	Z	L	R
I	S	É	O	F	U	S	B	Ú	Ú	Z	T
A	H	E	D	Q	I	E	V	É	É	G	A
K	Í	U	R	P	C	L	P	Y	H	P	E
Á	É	C	Z	H	L	W	A	X	N	O	U

**Espíritu - Dinero - Ser - Yo
- Abundancia - Ley -
Atracción**

III. Educación Mental o Cerebral

3.1. Aumentar la capacidad de tu cerebro

3.1.1. Incrementa el poder de tu super memoria

Si has llegado hasta este capítulo, es porque ya has comprendido cuán crucial es la memoria. Nos permite acordarnos tanto de los momentos alegres como de los amargos. Por esta razón, es esencial enfocarnos en fortalecer aquellos recuerdos que nos benefician. En este capítulo, exploraremos ciertas leyes universales vinculadas estrechamente con la memoria. Te sorprenderás al descubrir, tal como me ocurrió a mí en su momento, que nuestros recuerdos influyen significativamente en nuestra vida diaria. Considera el poder inmenso de los recuerdos; estos tienen la capacidad de enriquecernos o sumergirnos en la pobreza. ¿Cómo es posible esto? Desde pequeños, lo que aprendemos de manera intuitiva moldea lo que seremos en el futuro, ya sea rico o pobre.

Recuerdo una frase de Bill Gates que resonó profundamente en mí cuando la leí: "No tienes la culpa de nacer pobre, pero sí de morir pobre." Esto significa que todo lo aprendido está interconectado con cómo manejamos el miedo. El miedo, después de todo, no es más que una forma de ignorancia. Por ejemplo, cuando éramos niños, si veíamos algo desconocido, nuestro instinto inicial era evitarlo debido al temor que nos generaba. Sin embargo, a medida que enfrentábamos esos temores, nuestra confianza crecía y el miedo comenzaba a disiparse. Así fue como aprendimos a convivir con el miedo, y por tanto, a veces nos resulta difícil aprender cosas nuevas. Por esta razón, la memoria es un pilar fundamental en nuestro desarrollo, y es mi intención enseñarte a gestionar esos miedos en el capítulo sobre educación espiritual, donde discutiremos técnicas de atracción y abundancia, entre otras.

Leer es un ejercicio excelente para mejorar la memoria. Es crucial vencer el miedo a la lectura y sumergirse en los libros tanto como sea posible. Algunos sugieren dedicar al menos media hora diaria a esta actividad. Yo, personalmente, intento leer todo lo que puedo, tanto por la mañana como por la tarde. Te aconsejo disciplinar tus hábitos de lectura de la manera que mejor se adapte a ti; media hora diaria es un buen punto de partida. Otra técnica sencilla para fortalecer la memoria, que aplico con mis hijos siempre que puedo, es la asociación de palabras. Este método consiste en vincular palabras que, aunque diferentes en significado, se asemejan de alguna forma. Por ejemplo, si te pido que memorices el nombre "Salvador", y luego te menciono que Jesucristo fue el único salvador del mundo, probablemente podrás recordar el nombre con mayor facilidad. El cerebro, verás, aprende más rápidamente cuando relaciona información. Así que, cualquier nuevo concepto que desees aprender, intenta convertirlo en imágenes visuales. Este método facilitará enormemente el proceso de memorización.

Como puedes ver, aprender algo nuevo no tiene por qué ser doloroso. Emplea este nuevo poder que te he revelado y comienza a explorar cómo puedes aplicarlo para prosperar económicamente. Recuerda, el conocimiento es poder, y aprender a gestionar tus recuerdos y miedos te abrirá las puertas a un mundo lleno de posibilidades. Así que, manos a la obra, y transformemos juntos ese potencial en realidades concretas y enriquecedoras.

3.1.2. Aumenta la velocidad de tu lectura

En el universo acelerado del aprendizaje y el consumo de información, me he topado con una variedad de técnicas que prometen revolucionar la manera en la que absorbemos los escritos. Una de estas técnicas, conocida como "photoreading", fue acuñada en América y promete una forma casi fotográfica de procesar los textos, procurando una velocidad de lectura excepcionalmente alta. Esta técnica, dirigida a quienes buscan maximizar su eficiencia en el aprendizaje, capta la esencia de los textos rápidamente, como si tomaras una fotografía mental de cada página.

No obstante, hoy quiero compartir contigo un método diferente, uno que he enseñado a mis estudiantes con resultados notables. Al principio, puede parecer contradictorio: si no te gusta, es posible que sientas algo de dolor. Pero, recuerda, el dolor muchas veces es señal de miedo, especialmente el miedo a perder algo de valor. Y como bien sabes, el miedo puede provocar que tu cerebro se bloquee, afectando negativamente tu velocidad de lectura. Entonces, ¿qué hacer cuando enfrentamos textos densos, esos bloques de palabras que parecen montañas inescalables?

La técnica es sencilla. Te invito a mirar esos bloques de texto lentamente, desplazando tu vista de arriba hacia abajo. Lo que buscarás son palabras específicas que resalten para ti, palabras que, durante este ejercicio, se transformarán en tus "palabras clave". Estas son más que términos; son anclas que conectan directamente con tu memoria y todo lo que has aprendido hasta ahora en tu vida.

Toma esas palabras clave y escríbelas en una hoja de papel. El siguiente paso puede parecer un simple juego de niños, pero te aseguro, es una técnica respaldada por psicólogos y expertos en aprendizaje. Organiza estas palabras en un orden que tenga sentido para ti, enlazándolas en una secuencia lógica que facilite tu comprensión del texto completo.

Ahora, te revelaré otro secreto: esta disposición de información se denomina "mapa mental". Al construir un mapa mental, no solo estás organizando palabras; estás construyendo una estructura que representa visualmente la ruta del conocimiento que estás explorando. Y aquí radica la belleza de esta técnica: al dominar la elaboración de mapas mentales, estás efectivamente trazando tu propio camino hacia la riqueza de conocimientos.

Sé que puede sonar intimidante al principio, y es normal sentir un poco de miedo. Sin embargo, te invito a practicar el desarrollo de tus propios mapas mentales. Puedes empezar por utilizar el esquema que te he proporcionado como ejemplo. Pero no te detengas allí; con cada nuevo texto, con cada nuevo desafío de aprendizaje, elabora un mapa. Verás cómo, poco a poco, este método enriquece tu comprensión y retención de información.

Espero sinceramente que este consejo pueda servirte tanto como ha servido a muchos otros en su viaje hacia un aprendizaje más profundo y eficiente. No se trata solo de leer rápidamente, sino de comprender y conectar verdaderamente con el material frente a ti. Adelante, explora, experimenta y, sobre todo, disfruta cada paso d este fascinante viaje del conocimiento.

Educación para Generar Riqueza

Ñ	P	C	Ú	X	M	W	C	N	B	A	X
X	V	A	I	E	L	P	I	Y	R	X
Á	A	O	C	E	M	H	P	Ñ	R	U	I
K	X	M	E	J	O	R	A	R	M	T	Á
X	Á	J	Á	K	R	M	Ó	O	Y	C	J
J	N	Ó	I	C	I	R	T	U	N	E	V
C	F	J	F	W	A	Ü	C	J	L	L	H
P	T	U	H	T	T	U	J	P	H	N	D
J	L	O	R	B	E	R	E	C	D	B	C
L	Q	Ú	T	I	Ú	B	J	R	B	E	U
D	A	D	I	C	O	L	E	V	F	X	É
P	Q	O	I	C	I	C	R	E	J	E	W

Nutrición - Cerebro - Memoria - Velocidad - Lectura - Ejercicio - Mejorar

Coloca todas las palabras clave que identificaste en la lectura anterior

Palabras Clave

3.1.4. Ejercicio 2.

Coloca aquí tu mapa mental, conecta tus palabras clave como el ejemplo de abajo:

3.1.5. Nutrir tu cerebro

Si has llegado hasta aquí, es porque tienes un vivo interés en descubrir más sobre tu Mapa de la Riqueza, un secreto resguardado por la sabiduría de Salomón. Este no es más que el arte de cuidar de tu cuerpo, ya que en hacerlo, también proteges tu cerebro, esa fuente inagotable de poder y energía. Hoy, quiero compartir contigo algunos métodos y técnicas que te ayudarán a mantener tu cerebro en óptimas condiciones.

La clave reside en entender cómo funciona nuestro cerebro. Este órgano fascinante consume una cantidad notable de energía cada día. Para mantenerlo en forma, necesitamos alimentarlo con nutrientes ricos y eficaces. Hablo de aquellos azúcares de fácil digestión que no hacen más que beneficiarlo. Si tienes hijos pequeños, te habrás dado cuenta de que, especialmente antes de los siete años, suelen pedir dulces frecuentemente. Esto es porque sus cerebros, activos y en pleno desarrollo, reclaman constantemente energía.

En esta etapa de la vida, los niños quieren aprenderlo todo. Constantemente preguntan: "¿Qué es eso?", "¿Para qué sirve?", incitando a los mayores a enseñar y compartir conocimientos. Y aquí reside una verdad universal: el aprendizaje no conoce de edades. Contrario a lo que muchos piensan, aprender es un proceso que debería acompañarnos toda la vida.

Como dicen las escrituras, para alcanzar el reino de los cielos, uno debe comportarse como un niño, siempre curioso y en constante aprendizaje. Esta lección es crucial para entender la importancia de nutrir no solo nuestro cuerpo, sino también nuestra mente y espíritu. Y sí, aunque ya no seas un niño, el compromiso de aprender algo nuevo cada día debería ser una prioridad en tu agenda.

Hoy, te enseñaré cómo puedes nutrir adecuadamente tu cerebro. La ingesta de vegetales ricos en grasas buenas, como el aguacate, es fundamental. Este fruto, consumido preferentemente en las mañanas, te aportará una gran cantidad de nutrientes esenciales para empezar el día con energía. Además, en algunas culturas, se recomienda el Ginkgo biloba (siempre bajo supervisión medica), una raíz asiática que fomenta el aumento del flujo sanguíneo, mejorando así la entrega de oxígeno y glucosa a este super órgano que es el cerebro.

Quizás te preguntes, ¿por qué es tan crucial cuidar del cerebro? Bueno, irónicamente, el cerebro es nuestro principal activo. En el capítulo de educación financiera de este libro, discuto cómo el cerebro nos provee del conocimiento y el razonamiento necesarios para encontrar las rutas más eficientes hacia la riqueza.

Dicho esto, es importante recordar que el cerebro humano tiene una proporción de agua del 80-20. Sí, necesita y consume mucha agua. Por ello, cada mañana, al despertar, te invito a tomar un buen vaso de agua y mantener una hidratación adecuada a lo largo del día. Comprender y aplicar la ley del 80-20, que sugiere que el 20% de nuestras acciones influyen significativamente en nuestras vidas, es crucial para maximizar nuestros esfuerzos y resultados.

Así que ya lo sabes, cuidar de tu cerebro es cuidar de tu futuro. Estudia, pregunta, curiosea y mantén una mente activa y abierta. Como verás a lo largo de las siguientes páginas, nutrir nuestro cerebro es invertir en nuestra riqueza más grande: nosotros mismos. ¡Ojalá que este viaje te resulte tan enriquecedor como lo fue para mí!

IV. Capítulo final

Espero que te hayas sentido inspirado y entretenido al leer estas líneas que he preparado con mucha dedicación y energía pensando en ti. Recuerda que construir riqueza es un proceso continuo de aprendizaje que te impulsa a elevar tus objetivos y ambiciones cada día más.

Quiero compartir contigo algunos principios fundamentales que he plasmado en este texto; principios que te proporcionarán las herramientas necesarias para trazar tu propia ruta hacia la riqueza. Tener claro el destino es fundamental, pero el verdadero viaje comienza mucho antes de hacer tangible cualquier éxito. La riqueza, aunque palpable y cuantificable en el mundo físico, tiene su génesis en el universo cuántico, en el terreno de lo imaginario. ¿Y qué quiero decir con esto? Simple: todo comienza en tu mente.

Debes cultivar la capacidad de visualizar tus metas de manera tan clara y detallada, que sientas que ya las has alcanzado. Imagina la vibración de éxito y riqueza que quieres lograr, y mantén esa frecuencia. No se trata solo de un ejercicio de pensamiento positivo, sino de un proceso de alineación emocional y vibracional con tus aspiraciones más profundas.

Una vez que te encuentres vibrando en sintonía con tus sueños, es crucial adoptar una postura disciplinada para llevar esos sueños a la realidad. La disciplina es el puente entre las ideas y sus realizaciones tangibles, y será tu mejor aliada en el camino hacia la prosperidad.

Podrás descubrir, a través de este proceso, que la riqueza siempre ha estado dentro de ti, esperando ser manifestada. No se trata de obtener algo de la nada, sino de realizar el potencial ya existente dentro de tu ser.

Es fundamental que construyas un camino sólido no solo para ti, sino también para las personas que te rodean y te importan. La verdadera riqueza se mide mejor no solo por lo que acumulas, sino también por lo que contribuyes a la comunidad y cómo enriqueces la vida de otros.

Te deseo la mejor de las suertes en este viaje emocionante y revelador. Que cada paso que des, lleno de aprendizaje y crecimiento, te acerque más a la abundancia que mereces y deseas alcanzar. No olvides que, aunque el camino hacia la riqueza tiene muchos desafíos, cada uno de ellos te llevará a una mayor comprensión de tu potencial y de las inmensas posibilidades que el universo tiene reservadas para ti.

Sigue adelante con corazón valiente, mente abierta, y sobre todo, nunca dejes de aprender y soñar. Porque en el sueño y en el aprendizaje continuo reside la verdadera clave para desbloquear las puertas de tu futuro brillante y próspero.

Estimado lector hemos terminado nuestro recorrido, en el capítulo de Anexos comparto algunos enlaces que te pueden ser de utilidad, así como la información vertida de mi experiencia en este libro, te agradezco mucho, en gratitud a tu entusiasmo puedes unirte a nuestras redes sociales donde puedes tener mayor intercambio de ideas y los testimonios de otras personas cómo tú que pudieron trasformar su vida.

www.arnulfovillanuevacastillo.top

Anexos

Plataformas de intercambio y trading

Bitso
https://cutt.ly/ivbYAoI

Binance
https://cutt.ly/mPnjj0E

Poloniex
https://cutt.ly/AvbOfzx

DODO
https://cutt.ly/FlavonoidsToken

Ascendex
https://cutt.ly/HbVaL2y

Préstamo de Dinero

Yo te presto (código de referencia AVC-718599)

Bonus

Instala tu billetera de metamask y envía tu wallet de flavonoids token a avillanueva924@gmail.com y te enviaremos 1,000,000 de tokens de FLV (flavonoids token)